BUSINESS FRENCH :FAST TRACK LEA

Sarah Rett

BUSINESS FRENCH:

FAST TRACK LEARNING FOR ENGLISH SPEAKERS

The 100 most used English business words with 600 phrase examples.

Focus your business French learning on the most frequently used words. Learn just the 100 words you need to know to do your job

© 2016 by
© 2016 by UNITEXTO
All rights reserved

Published by UNITEXTO

BUSINESS FRENCH :FAST TRACK LEARNING FOR ENGLISH SPEAKERS

TABLE OF CONTENTS

THE 100 MOST USED ENGLISH BUSINESS

PHRASE EXEMPLES

THE 100 MOST USED ENGLISH BUSINESS

1. Business Affaire	2. Profit Profit
3. Marketing Marketing	4. Telecommuting Travail à distance
5. Management Gestion	6. Downsizing Restructuration, réduction du personnel
7. Outsourcing Délocalisatoion	8. Research Recherche
9. Headquarters Siège	10. Market Marché
11. Bonus Bonus	12. Personnel Personnel
13. Quarter	15. Promotion

14. Trimestre / Quartier / Monnaie de 25 centimes	Promotion
16. Asset Atout	17. Recruitment Recrutement
18. Sales Department Service de ventes	19. Liability Responsabilité
20. Presentation Présentation	21. Meeting Réunion
22. End user Utilisateur final	23. Party Partie
24. Objective Objetif	25. Entrepreneur entrepreneur
26. Contract contrat	27. Commercial Comnercial
28. Venture Capital Capital de risque	29. Investment Investissement

30. Credit Crédit	31. Opportunity Cost Coût d'opportunité
32. Logistics Logistique	33. Agreement Accord
34. Shareholder Actionnaire	35. Stakeholder Partie intéressée
36. Interest Interêt	37. Customer Service Department Département du service client
38. Inventory Inventaire	39. Terms Termes
40. Loan Prêt	41. Lien Créance
42. Manager Gérant, Manager, Directeur	43. Board of Directors Conseil d'administration

44. Accounting Comptabilité	45. Staff Personnel
46. Human Resources Ressources humaines	47. Capital Capital
48. Budget Budget	49. Disruption Interruption
50. Networking Réseau	51. Launch Lancement
52. Consumer consommateur	53. Supply Chain Chaine logistique
54. Startup Start-up, entreprise	55. Branding Marque
56. Overhead Frais généraux	57. Point of Sale Point de vente

58. Cost of Sales Coût de vente	59. Wholesale Commerce de gros
60. Company Société	61. Revenue Revenu
62. Salary Salaire	63. Account Compte
64. Grant Subvention	65. Non Profit Organizations Organisme à but non lucratif
66. Operations Operations	67. CEO PDG
68. Equity Capital-investissement	69. Competitor Concurrent
70. Merger Fusion	71. Acquisition Acquisition

72. Partnership Partenariat	73. Agenda Agenda
74. Status report Rapport de situation	75. Margin Marge
76. Sponsor Sponsor	77. Income statement Compte de résultat
78. Balance sheet Bilan	79. Cash flow statement Etat des flux de trésorerie
80. Bill Facture	81. Platform Plateforme
82. Trading Commerce	83. Social Media Médias sociaux
84. Project Projet	85. Multitask Multitâche
86.	87.

Consensus Consensus	Resign Résilier
88. CV CV	89. Conference Call Audioconférence
90. Exchange Rate Taux de change	91. Transaction Transaction
92. Viral Marketing Marketing viral	93. Industry Industrie
94. Monetization Monétisation	95. Scalable Evolutif
96. Strategy Stratégie	97. Information Technology Technologie de l'information
98. Trademark Marque déposée	99. Business plan Plan d'affaires
100. Deadline Date limite	101. Veto Veto

PHRASE EXAMPLES

1. Affaires/Business

In *business* transactions, Alice was frugal with her money but when with her family, she was very generous.	Dans les *affaires*, Alice était économe avec son argent mais avec sa famille, elle était très généreuse.
I know about your secret *business* and I know you know I know	Je sais pour tes *affaires* secrètes et je sais que tu sais que je sais.
Jack's *business* was to sell charcoal to the rich people in the city.	Les *affaires* de Jack consistaient à vendre du charbon aux riches de la ville.

2. Profit/Profit

I turned a good *profit* on that piece of real estate.	J'ai fait un bon *profit* avec ce bien immobilier.
By the end of the summer I'll have enough *profit* to roof the house	D'ici la fin de l'été, J'aurai assez de *profit* pour la toiture la maison.
He had helped her blend her dream of a horse ranch into a *profit* making	Él la ayudó a convertir su sueño de una granja de caballos en *ganancias*

package of a guest ranch.	haciendo una granja de huéspedes.

3. Marketing/Marketing

The manager asked his team to come up with the latest *marketing* campaign.	Le manager a demandé à son équipe de monter la dernière campagne *marketing.*
I helped them with basic *marketing* principle which was my major in high school.	Je les ai aidés avec les principes basiques du *marketing* qui était ma spécialité en collège.
The *marketing* team of the company has come up with a slew of unique commercials.	L'équipe marketing de la société a créé une série de publicités uniques.

4. Travail à domicile/Telecommuting

Corporations should take advantage of *telecommuting*, which can also be a great help in reducing the use of gasoline.	Les entreprises doivent profiter *du travail à distance*, qui peut également être très utile dans la réduction de la consommation du carburant.

The manager realized that *telecommuting* and the 4-day week will help to increase productivity of the company.	Le manager a réalisé que *le travail à distance* et la semaine de 4 jours aideront à augmenter la productivité de la société.
All corporations must understand that large scale *telecommuting* will reduce the annual cost of a company.	Toutes les sociétés doivent comprendre que le travail à distance à grande échelle réduira les frais annuels d'une entreprise.

5. Direction/Management

The *management* of the new company is very strict in enforcing rules and regulations.	La *direction* de la nouvelle entreprise est très stricte dans l'application des lois et règlements.
You must inform the top *management* about his erratic behavior.	Vous devez informer la *direction* de son comportement erratique.
The *management* is yet to take a decision on wage increase of its employees.	La *direction* n'a pas encore pris de décision au sujet de l'augmentation salariale de ses employés.

6. Restructuration / Réduction du personnel

There are a couple of definitions of *downsizing* in the real estate world.	Il y a plusieurs définitions de *restructuration* dans le monde de l'immobilier.
The company has adopted *downsizing* to solve the financial woes of the company.	La société a adopté la *réduction du personnel* pour résoudre ses soucis financiers.
The CEO wants to adopt the policy of *downsizing* to cut down on additional costs.	Le président veut adopter la politique de *réduction du personnel* pour limiter les coûts additionnels.

7. Délocalisation/Outsourcing

There are a hundred good reasons why *outsourcing* raises the overall standard of living of the world.	Il y a cent bonnes raisons pour lesquelles la *délocalisation* augment le niveau de vie global du monde.
My purpose is to explain the net effect of free trade, technological advance, and *outsourcing* on the overall economic system of the planet.	Mon but est d'expliquer l'effet direct du libre-échange, de l'avancée technologique et de la *délocalisation* dans le système économique

	global de la planète.
As current trend, every organization is looking for *outsourcing* partners.	Vu la tendance actuelle, Tout organisme recherche des partenaires de *délocalisation*.

8. Recherche/Research

I was trying to *research* the buyer.	J'essayais de *rechercher* l'acheteur.
Betsy's clandestine *research* about Julie, such as it was, was shared only with me.	Les *recherches* clandestines de Betsy au sujet de Julie, en tant que tel, étaient partagées uniquement avec moi.
There are dozens of interesting computer-related *research* projects under way in Australia's universities.	Il y a des dizaines de projets de *recherche* informatique intéressants en cours dans les universités Australiennes.

9. Siège/Headquarters

The company should relocate its *headquarters* to Sydney as soon as possible.	La société doit déplacer son *siège* à Sydney le plus tôt possible.

Where is the company *headquarters* located?	Où est situé le *siège* de la société ?
Please submit all papers to the chief at the *headquarters* by tomorrow morning.	Soumettez s'il vous plait tous les documents au chef d'ici demain au *siège*.

10. Marché/Market

Advertisers are trying to appeal to the youth *market*.	Les publicités essaient de séduire le *marché* des jeunes.
New *markets* are opening up all over the world.	De nouveaux *marchés* ouvrent à travers le monde
They are trying to develop foreign *markets* for American cotton.	Ils essaient de développer des *marchés* étrangers pour le coton américain.

11. Bonus/Bonus

The rate at which the exchange was effected was par with a cash *bonus* of 6%.	Le taux auquel l'échange a été effectué était au même niveau que le *bonus* en argent de 6%.
The government offered a	Le gouvernement a offert

bonus to those owners of creameries who would provide cold-storage accommodation.	un *bonus* aux crèmeries qui voudraient fournir un espace d'entrepôt frigorifique.
Staff members were given a *bonus* for finishing the project on schedule.	Les membres du staff ont reçu un *bonus* pour avoir fini le projet dans les délais.

12. Personnel/Personnel

Labor announced before the election that it would commit a small number of non-combat *personnel* to assist the UN in Baghdad.	Le syndicat a annoncé avant les élections qu'il enverra un petit nombre de *personnel* non militaire pour assister les Nations Unies à Baghdad.
Australian defense *personnel* in southern Lebanon are withdrawn after Israel refuses to guarantee peacekeepers' safety.	Le *personnel* de défense australien en Liban du Sud s'est retiré après qu'Israël ait refusé de garantir la sécurité des gardiens de la paix.
The doctor turned to his trusted personnel to execute the difficult operation.	Le médecin s'est tourné vers son *personnel* de confiance pour réaliser l'opération difficile.

13. Trimestre / Quartier / Pièce de 25 centimes

If they found you out, the assault on you from every *quarter* would be unimaginable.	S'ils vous trouvent dehors, l'assaut sur vous de chaque *quartier* serait inimaginable.
The young college-aged waitress inserted the tack, placed a *quarter* beneath it for weight and sounded a horn to call attention	La jeune serveuse collégienne a inséré une punaise, a mis une *pièce de 25 centimes* dessus pour le poids et a actionné la sirène pour se faire remarquer.
The Income Tax officials are supposed to carry out an audit in the 3rd *quarter*.	Les agents fiscaux devraient établir un audit lors du 3ème *trimestre*.

14. Promotion/Promotion

He replaced me in Scranton when I got this *promotion* here to the head office.	Il m'a remplacé à Scranton quand j'ai eu cette *promotion* au bureau central.
She was given a well-deserved *promotion*.	Elle a reçu une *promotion* bien méritée.
The company is offering a	La société offre une

| special *promotion* to increase sales. | *promotion* spéciale pour augmenter les ventes. |

15. Atout/Asset

He is a vital *asset* and the director knows it.	Il est un véritable *atout* et le directeur le sait.
He could be such an *asset* to the Council that was just elected.	Il pourrait être un vrai *atout* au conseil qui vient d'être élu.
Jane has been a real *asset* to the company this year.	Jane a été un vrai *atout* à la société cette année.

16. Recrutement/Recruitment

| The company recently launched one of the largest *recruitment* drives in the agency's history and is seeking a 20 per cent increase in staff numbers | La société a lancé récemment l'une des plus grandes campagnes de *recrutement* de l'histoire de l'agence et vise une augmentation de 20 pour cent du nombre du personnel. |
| I'm getting reports from the *recruitment* team that the new staff members are not performing | J'ai reçu un rapport de l'équipe du *recrutement* disant que les nouveaux membres du staff ne sont |

according to potential.	pas aussi performants selon leur potentiel.
The bank is on a massive *recruitment* drive this month.	La banque a une campagne de *recrutement* massif ce mois.

17. Service des ventes/Sales department

It is generally seen that it is the employees in the *sales department* in an organization that need to be motivated the most.	Il est généralement connu que ce sont les employés dans le *service des ventes* dans un organisme qui ont besoin d'être le plus motivés.
Sometime back I used to work in the *sales department* of a famous retail shop.	Auparavant je travaillais dans le *service des ventes* d'un commerce de détail connu.
The *sales department* of the company has decided to hire more graduates for on-field jobs.	Le *service des ventes* de la société a décidé de recruter plus de diplômés pour le travail sur le terrain.

18. Responsabilité / fardeau

Jack has become a *liability*	Jack est devenu un *fardeau*

for the company.	pour la société.
Colorado law exempts land owners from most liability if the land for recreational is freely offered, at no charge.	Les lois de Colorado exempt les propriétaires de terrains de la plupart de *responsabilité* si le terrain pour les loisirs est gratuitement offert, sans aucun coût.
The company is eager to cut down on *liabilities* so that it incurs less loss in the next fiscal.	La société est soucieuse de se séparer des *fardeaux* pour avoir moins de perte lors du prochain exercice fiscal.

19. Présentation/Presentation

Jackson helped set up the *presentation* on the stage, and then took a seat at the back of the lecture hall as the students meandered in.	Jackson a aidé à préparer la *présentation* sur la scène, puis il a pris une place à l'arrière de la salle de conférence quand les étudiants commençaient à entrer.
Any bill not returned with objections within five days after *presentation* becomes a law.	Tout projet de loi non retourné avec les objections dans les cinq jours suivant sa *présentation* devient une

	loi
The first is most obvious in the scenes of quiet description and emotion in whose *presentation* he particularly excels.	Le premier est très évident dans les scènes de description silencieuse et d'émotion dans la *présentation* desquelles il excelle.

20. Réunion/Meeting

They contain valuable conference and *meeting* information.	Ils contiennent des informations de conférence et de *réunion* importantes.
If you live in a Condominium, you cannot afford to miss the Annual *meeting* of your Homeowner's Association.	Si vous habitez à Condominium, vous ne pouvez pas vous permettre de manquer la *réunion* annuelle de votre association des propriétaires
We've got a *meeting* at two and it's almost one-thirty now.	Nous avons une *réunion* à deux heures et il est presque une heure trente.

21. Utilisateur final/End user

This usage meter is supposed to enable the *end user* to keep track of use in that month.	Ce compteur d'usage est supposé permettre à *l'utilisateur final* de faire le suivi d'usage de ce mois.
The *end user* of our product usually understands the manner in which we define our customers.	*L'utilisateur final* de notre produit comprend souvent la manière dont nous définissons nos clients.
Microsoft has come up with some of the state-of-the-art software tools for the benefit of the *end user*.	Microsoft a inventé des outils de logiciel de pointe au profit de *l'utilisateur final*.

22. Partie/Party

No, not too far, but the party is tonight, so we need to stay close.	Non, pas trop loin, mais la *partie* est pour ce soir, donc nous devons rester à proximité.
You will need a sitter for the party anyway.	Vous aurez besoin d'une nounou pour la *partie* de toute façon.
The parties have read, understood and agreed to the terms and conditions	Les *parties* ont lu, compris et accepté les termes et conditions de cet accord.

| of this agreement. | |

23. Objectif/Objective

My first choice was to telephone the Atlanta office but I wondered if I might get a more *objective* hearing from an office further from a good old boy network.	Mon premier choix était de téléphoner au bureau d'Atlanta mais je me demandais si je pouvais avoir un discours plus *objectif* plutôt que d'un réseau des anciens.
I tried to remain *objective* but I'm forced to admit, the assemblage made me feel a tad tetchy.	J'ai essayé de rester *objectif* mais je suis obligé d'admettre que l'assemblage m'a rendu susceptible.
At least Jane is still *objective* about this case.	Au moins, Jane est toujours *objective* au sujet de ce cas.

24. Entrepreneur/Entrepreneur

Any woman can be an *entrepreneur*, but if you want to be a Chic person you'll need to rise above the rest.	Chaque femme peut devenir une *entrepreneuse*, mais si vous voulez être une personne Chic vous devez surplomber les autres.

I have come up with six *entrepreneur* ideas that you should incorporate in your customer interactions to improve your customer service.	Je suis venu avec six idées d'*entreprenariat* que vous devez incorporer dans vos interactions avec les clients pour améliorer votre service client.
Entrepreneur innovation plays such a vital role in your online marketing.	L'innovation en *entreprenariat* joue un rôle vital dans votre marketing en ligne.

25. Contrat/Contract

The *contract* requires him to finish work by the end of the year.	Le *contrat* l'oblige à finir le travail avant la fin d'année.
I tore up the *contract* in frustration.	J'ai déchiré le *contrat* à cause de ma frustration.
As per *contract* law, you are bound to work for 8 hours a day.	Compte tenu des clauses du *contrat*, vous êtes tenu de travailler 8 heures par jour.

26. Commercial/Commercial

| In addition to the storage buildings, Jim owns an | En plus des entrepôts, Jim possède une agence |

insurance agency, a bank and a bunch of *commercial* real estate.	d'assurance, une banque et un ensemble d'immeubles *commerciaux*
The capital was the center of all *commercial* activities.	La capitale était le centre de toutes les activités *commerciales*.
He continued the agitation with the object of attaining both the political and commercial independence of Hungary.	Il a continué l'agitation dans le but d'atteindre l'indépendance politique et *commerciale* de la Hongrie.

27. Capital de risque/Venture capital

He is widely regarded in Silicon Valley and in the US *venture capital* scene as a libertarian genius.	Il est largement connu en Silicon Valley et dans la scène du *capital de risque* Américaine comme un génie libertaire.
The *venture capital* industry in Australia has grown dramatically during the past five years and has placed an increasing number of small...	L'industrie du *capital de risque* en Australie a énormément grandi durant les cinq dernières années et a placé un nombre grandissant de petits...
Despite market volatility,	Malgré la volatilité du

| venture capital and private equity investments retain fundamental appeal | marché, le *capital de risque* et les placements privés de capitaux restent de principaux attraits. |

28. Investissement/Investment

You can consider Gold Bonds as a secure *investment* option.	Vous pouvez considérer que les obligations en Or sont une option sûre *d'investissement*
Building this factory would require an *investment* of around 50 million dollars.	La construction de cette usine nécessiterait un *investissement* d'environ 50 millions de dollars.
Please do not put in so much money here; this will not prove to be a good investment.	Ne mettez pas s'il vous plait trop d'argent ici; ça ne sera pas un bon *investissement*.

29. Crédit/Credit

You've got to give her *credit*; she knows what she's doing.	Vous devez lui attribuer du *crédit* ; elle sait ce qu'elle fait.
You need to have a strong *credit* history and a good	Vous devez avoir un fort historique de *crédit* et un

job in order to get a mortgage.	bon travail pour avoir un prêt.
She's finally getting the *credit* she deserves.	Elle a enfin le *crédit* qu'elle méritait.

30. Coût d'opportunité/Opportunity cost

The *opportunity cost* for a woman to have a child is very high.	Le *coût d'opportunité* pour une femme d'avoir un enfant est très élevé.
Let us not forget the *opportunity cost* of having your highly skilled IT staff bogged down doing endless rounds of software installations	N'oublions pas le *coût d'opportunité* d'avoir votre équipe informatique hautement qualifiée perdue à faire des installations infinies de logiciels.
One must understand better the *opportunity cost* of shifting resources away from other enterprises to cover the event.	Quelqu'un doit mieux comprendre le *coût d'opportunité* de déplacer des ressources loin des autres entreprises pour couvrir l'évènement.

31. Logistique/Logistics

Massive expeditions by	Les expéditions massives

the USA in the immediate postwar period were powerful demonstrations of military *logistics* and technology.	des Etats Unis juste après la guerre étaient une puissante démonstration de *logistique* militaire et de technologie.
There is a lot of potential for supply chain management and *logistics* expertise.	Il y a beaucoup de potentiel pour la chaine d'approvisionnement et l'expertise *logistique*.
The game is mostly themed, but doesn't quite go as far as the actual mechanics of *logistics* and warfare.	Le jeu est thématique, mais il ne va pas aussi loin que la vraie mécanique de la *logistique* et de la guerre.

32. Accord/Agreement

A free trade *agreement* by itself does not change cultures.	Un *accord* de libre-échange ne change pas les cultures en soi.
Once you decide to take or give a house or flat on rent, the first question that would come to your mind is to get a proper rent *agreement* drawn.	Une fois que vous décidez de prendre ou de donner une maison ou un appartement en location, la première réflexion à avoir est d'établir un bon *accord*

	de location.
I was surprised when the others nodded in *agreement*, fortifying me to continue.	J'étais surpris quand les autres ont hoché de la tête en *accord*, m'encourageant de continuer.

33. Actionnaire/Shareholders

The *shareholders* of the company have been informed of the decisions taken in the AGM.	Les *actionnaires* de la société ont été informés des décisions prises lors de l'assemblée générale annuelle.
The CEO of the company has taken special care to ensure that each *shareholder* gets his dividend on time.	Le président de la société a pris un soin spécial pour s'assurer que chaque *actionnaire* puisse avoir son dividende à temps.
All *shareholders* must fill up the voting form and send it by post.	Tous les *actionnaires* doivent remplir le formulaire de vote et l'envoyer par courrier.

34. Partie intéressée/Stakeholder

I like the idea of	J'aime l'idée du capitalisme

stakeholder capitalism.	de la *partie intéressée*.
Everyone is a *stakeholder* in her job and in her role.	Chacun est *partie intéressée* dans son travail et dans son rôle.
This fashionable place bears the hallmarks of a restaurant without an owner, or at least a passionate *stakeholder*, dealing with customers.	Cette place à la mode comporte les marques d'un restaurant sans propriétaire, ou au moins une *partie intéressée* passionnée, s'occupant des clients.

35. Intérêt/Interest

India raised *interest* rates for the second straight month as the region's economies rapidly recover.	L'inde a haussé les taux d'*intérêt* pour le second mois consécutif car que les économies de la région récupèrent rapidement.
The newspapers waited anxiously to check whether the Reserve Bank will increase or hold *interest* rates.	Les journaux ont attendu anxieusement de vérifier si la réserve fédérale augmentera ou retiendra les taux d'*intérêt*.
I lost track of time until Alex came along and revived my *interest* in the	J'ai perdu la notion du temps jusqu'à ce qu'Alex vient et ravit mon *intérêt*

ranch.	pour le ranch.

36. Service de relation client/Customer Service Department

Jack has decided to approach the *customer service department* for the redressal of his grievance.	Jack a décidé de contacter le *service de relation* client pour le dépôt de sa plainte.
The *customer service department* is responsible to look after minor issues.	Le *service de relation client* est responsable de traiter les soucis mineurs.
You must contact the *customer service department* to understand the tariff plan of your cellular connection.	Vous devez contacter le *service de relation client* pour comprendre le plan tarifaire de votre connexion cellulaire.

37. Inventaire/Inventory

We made an *inventory* of the library's collection.	Nous avons fait un *inventaire* de la collection de la librairie
We'll be doing *inventory* on the collection soon.	Nous ferons bientôt un *inventaire* de la collection
The dealer keeps a large	Le concessionnaire garde un

inventory of used cars and trucks.	grand *inventaire* des voitures et camionnettes d'occasion.

38. Termes/Terms

The club has finally agreed to terms of the enigmatic Costa Rican footballer.	Le club a finalement accepté les *termes* du footballeur Costaricain énigmatique.
My terms are far kinder for you than I'd give anyone else.	Mes *termes* sont largement plus favorables pour vous que ce que je donnerai aux autres.
I tried to recall the terms Quinn had quoted.	J'ai essayé de me rappeler des *termes* cités par Quinn.

39. Prêt/Loan

Jill got a car *loan* today.	Jill a eu aujourd'hui un *prêt* de voiture
He'll need several more years to pay off the rest of the *loan*.	Il aura besoin de plusieurs autres années pour payer le reste du *prêt*.
She needed money, so she asked her friend for a	Elle avait besoin d'argent, alors elle a demandé un

loan.	prêt à son amie.

40. Créance/Lien

Tax *lien* certificates are one of the best ways to invest your money because they are considered very safe and secure investments	Le certificat de *créances* de taxe est l'un des meilleurs moyens pour investir votre argent car ils sont considérés comme des investissements très sûrs et sécurisés.
Her experience includes construction *lien* law, condominium conversions and general civil litigation.	Son expérience inclut la loi de *créance* de construction, Les conversions des copropriétés et les litiges civils généraux.
There is a lien of USD 200 in my bank account.	Il y a une *créance* de 200 USD sur mon compte bancaire.

41. Manager/Gestionnaire

The team will go outside the organization for a new *manager* and coaching staff.	L'équipe sortira de l'organisme pour chercher un nouveau *directeur* et un staff de coaching.
The fact that it doesn't	Le fait que ça n'apparait

even show up in the device *manager* makes me think it might be damaged or defective.	pas dans le *gestionnaire* de périphériques me laisse penser que ça pourrait être endommagé ou défectueux.
As a result of allegations, the *manager* responsible for these staff requested a suspension hearing.	Suite aux allégations, le *directeur* responsable de cet employé a demandé une audience pour supension.

42. Conseil d'administration/Board of Directors

The *Board of Directors* will hold the annual general meeting in Beijing this year.	Le *conseil d'administration* tiendra cette année l'assemblée générale annuelle à Pékin.
The *Board of Directors* made an unsolicited offer to the CEO of the rival company.	Le *conseil d'administration* a fait une offre spontanée au président de la société rivale.
The Board of Directors has promised to look into the matter as soon as possible.	Le *conseil d'administration* a promis d'étudier le problème le plus tôt possible.

43. Comptabilité/Accounting

One of Australia's top *accounting* bodies has put up a plan that will force Australia's non-profit sector to get its books in order.	L'un des grands organismes *comptables* en Australie a mis en place un plan qui obligera le secteur sans but lucratif de tenir un bilan en ordre.
Australia is upset at delays in clarifying international *accounting* rules meant to attract foreign investment and encourage local companies	L'Australie est mécontente des délais de clarification des lois internationales de *comptabilité* sensées attirer les investissements souverains et encourager les entreprises locales.
I am feeling very nervous as the date of the *accounting exam* is drawing nearer.	Je me sens nerveux à l'approche de l'examen de *comptabilité*.

44. Personnel/Staff

Employers have to perform a double act this year in attracting and keeping *staff* while containing wages growth	Les employeurs doivent agir doublement cette année pour attirer et garder le *personnel* tout en contenant l'augmentation des salaires.
Proposed cutbacks to perks such as *staff* travel	Les coupures des avantages proposées telles que les

discounts are a major sticking point	réductions pour le voyage du *personnel* est un grand point de friction.
It is believed the bullying inquiry into Senior Sergeant Ronald was prompted by complaints from *staff* in the drug and alcohol branch.	On croit que l'enquête d'harcèlement sur le Sergent Sénior Ronald a été accélérée par les plaintes du *personnel* dans la division des drogues et d'alcool.

45. Ressources Humaines/Human Resources

He has more than 20 years experience in *human resources* leadership and management	Il a plus de 20 ans d'expérience dans la gestion des *ressources humaines* et le management.
The *human resources* department saw slackness in the supply chain as a symptom of a deeper problem.	Le service des *ressources humaines* voit le relâchement dans la chaine logistique comme un symptôme d'un problème plus profond.
The *Human Resources* department is looking to hire as many as 100	Le service des *ressources humaines* cherche à recruter 100 personnes

| people this fiscal. | cette année. |

46. Capital / Capitale

Antwerp is recognized as the diamond *capital* of Europe.	Anvers est connue comme la *capitale* du diamant de l'Europe.
If you are trying to raise *capital* for an existing business you need to know your options.	Si vous essayez de lever un *capital* pour un projet existant vous devez connaitre vos options.
Jack provides working *capital* loans, commercial mortgages, business cash advances and SBA loan refinancing throughout the United States.	Jack fournit des prêts de *capital* du travail, des emprunts commerciaux, avance d'argent d'affaires et le refinancement des prêts SBA à travers les Etats Unis.

47. Budget/Budget

| It cannot be denied that the Government has allocated vast amounts of money to the Health *budget* over the past few years. | On ne peut pas nier que le gouvernement a alloué de grands montants d'argent au *budget* de la santé durant les dernières années. |

Another major issue is how to *budget* the money to pay for all the security needs.	L'autre souci majeur est comment établir un *budget* pour payer tous les besoins de sécurité.
The city *budget* will only allocate money for the dengue eradication campaign, which includes fumigation.	Le *budget* de la ville allouera uniquement de l'argent pour la campagne d'éradication de dengue, ce qui inclut la fumigation.

48. Interruption /Disruption

The *disruption* affected approximately 15 scheduled peak hour services.	*L'interruption* a affecté approximativement 15 services planifiés en heures de pointe.
The Government has an interest in getting it done with least *disruption* and least cost.	Le gouvernement a intérêt de le faire avec un minimum d'*interruption* et à moindre coût.
Experts described an unusual confluence of conditions that heighten prospects for a serious *disruption* soon.	Les experts ont décrit une confluence inhabituelle des conditions qui augmentent les prospects pour une sérieuse *interruption* bientôt.

49. Réseau/Networking

Social *networking* can be fun but also dangerous.	Les *réseaux* sociaux peuvent être amusants mais aussi dangereux.
There's no doubt that online *networking* events are a great way to network with others in your business niche.	Il n'y aucun doute que les événements des *réseaux* en ligne sont un grand moyen pour rencontrer d'autres personnes dans votre niche d'affaires.
The store has become very popular after it decided to advertise itself on social networking sites.	La boutique est devenue très populaire après qu'elle ait décidé de faire la promotion sur les sites des *réseaux* sociaux.

50. Lancement / Lancer

Japanese scientists are readying the *launch* of a probe to learn about the planet's meteorological phenomenon.	Les scientifiques japonais préparent le *lancement* d'une sonde pour analyser les phénomènes météorologiques de la planète.
Apple will *launch* the new iPhone at Detroit tonight.	Apple *lancera* le nouveau iPhone à Detroit ce soir.

| The company is set to *launch* a new pension scheme for all its employees. | La société est prête à *lancer* un nouveau plan de retraite pour ses employés. |

51. Consommateur/Consumer

Many *consumers* are still not comfortable making purchases on the Internet.	Beaucoup de *consommateurs* ne sont toujours pas confortables avec l'achat en ligne.
Almost all *consumers* purchase coffee on the basis of price, not on the basis of how it is produced.	Presque tous les *consommateurs* achètent le café en ligne sur la base du prix et non de sa façon de production.
Consumers will demand less of the imported goods as they now have to pay a higher price.	Les *consommateurs* demanderont moins de biens importés car ils doivent désormais payer plus cher.

52. Chaine logistique/Supply chain

| The company says that it will boost oversight over its *supply chain* and | La société dit qu'elle augmentera le contrôle sur sa chaine logistique et |

impose stricter requirements on its poultry producers.	imposera des conditions plus strictes pour les producteurs de volailles.
The company needs to upgrade its *supply chain* system to do well in this environment.	La société doit améliorer sa chaine logistique pour s'en sortir dans cet environnement.
The University has decided to introduce a separate course on *supply chain* management in view of the rising demand.	L'université a décidé d'introduire un cours séparé sur le management de la chaine logistique au vu de la demande grandissante.

53. Startup/Start up

Affiliate marketing is regarded as a suitable home business *startup* idea.	Le marketing affilié est considéré comme une idée convenable de *start-up* de travail à domicile.
Selling *startup* websites are getting to be quite common these days and because of this.	La vente de sites de *start-ups* devient répandue ces derniers jours and à cause de ça.
If you want a faster computer *startup*, you need to clean up your	Si vous voulez une *start-up* d'ordinateurs plus rapides, vous devez nettoyer les

| computer's unnecessary desktop items. | fichiers non inutiles du bureau de votre ordinateur. |

54. Marque/Branding

The company's decision has a lot to do with *branding* positioning	La décision de la société est due au positionnement de la *marque*.
Hotmail is and always has been part of the Microsoft global *branding* strategy.	Hotmail est et a toujours été une partie de la stratégie de *marque* globale de Microsoft.
Branding is very important for the survival of any company and Jack knows this very well.	La stratégie de *marque* est très importante pour la survie de toute société et jack le sait très bien.

55. Frais généraux. Au-dessus/ Overhead

A jet had just passed *overhead* at treetop level.	Un jet vient de passer *au-dessus* du niveau des arbres.
The company had two projection systems –	La société a deux systèmes de projections – *au-dessus*

overhead and rear.	et derrière.
The company has to eliminate the high *overhead* cost to reduce the overall cost of products.	La société doit éliminer les *frais généraux* élevés pour réduire le coût global du produit.

56. Point de vente/Point of Sale

Point of Sale software is the best technology for managing retail business.	Le logiciel *Point de Vente* est la meilleure technologie pour gérer le commerce de détail.
The benefits of *Point of Sale* Systems Are Becoming More Apparent.	Les bénéfices des systèmes de *Point de Vente* deviennent plus visibles.
The government has decided to introduce *point of machines* at all retail outlets.	Le gouvernement a décidé d'introduire les machines *Point de Vente* dans tous les commerces de détail.

57. Coût/Cost

The company has decided to reduce its overall *cost* of manufacturing to make	La société a décidé de réduire son *coût* général de fabrication pour faire

more profits.	plus de profit.
The *cost* of the daily essentials has increased manifold over these years.	Le *coût* des produits de première nécessité a beaucoup augmenté durant ces années.
The company increased the price of the products as there has been a rise in the *cost* of raw materials.	La société a augmenté le prix des produits du fait de la hausse du *coût* des matières premières.

58. Gros/Wholesale

The key to cheap supply is bulk buying from the *wholesale* market.	La clé pour des produits moins chers est d'acheter en gros depuis les marchés de *gros*.
There are various theories for this, but most experts agree a significant contributing factor is our *wholesale* fish market in Dunedin.	Il y a plusieurs théories pour ça, mais beaucoup d'experts s'accordent sue le fait qu'un facteur important est notre marché de poisson de *gros* à Dunedin.
The prosperity of the state depends upon the success of its extensive *wholesale*	La prospérité de l'Etat dépend du succès de son vaste marché de *gros*.

| market. | |

59. Société/Company

It is possible for a *company* to report a profit despite more money.	Il est possible pour une *société* de rapporter un profit au lieu de plus d'argent.
A small technology start-up *company* is being sued in a court case that could shape the way people view digital television.	Une petite *société* de technologie est poursuivie en justice pour un cas qui pourrait façonner la manière avec laquelle les gens voient la télévision numérique.
The Easy *Company* fought valiantly in the Second World War.	La *société* Easy s'est battue vaillamment dans la seconde guerre Mondiale.

60. Revenu/Revenue

Government officials have reported a decrease in *revenue*.	Les agents du gouvernement ont rappoté une baisse du *revenu*.
The firm is looking for another source of *revenue*.	La firme cherche une autre source de *revenu*.

Government often have difficulty ensuring that spending does not exceed *revenue*.	Le gouvernement a parfois du mal à s'assurer que les dépenses ne dépassent pas le *revenu*.

61. Salaire/Salary

The wages weren't all that great, but deducting rent, utilities and groceries from her present *salary*, it wound up being a good deal more.	La rémunération n'est pas remarquable, mais en déduisant le loyer, les services et les courses de son *salaire* actuel, ça parait comme une bonne affaire.
They both knew he spoke the truth—a steady *salary* would go a long way toward lessening their money problems.	Ils savent tous les deux qu'il a dit la vérité – Un *salaire* régulier aiderait grandement à réduire les problèmes financiers.
We needed the *salary* very badly; so there was no question of quitting.	Nous avions gravement besoin du *salaire* ; donc la question de démission ne se posait pas.

62. Compte/Account

This trading *account* can	Ce *compte* de trading peut

be linked to your existing login code.	être lié à votre code de login existant.
I took out my money and closed my *account*.	J'ai retiré mon argent et fermé mon *compte*.
Every week, she puts a part of her paycheck into a separate *account*.	Chaque semaine, elle met une part de sa paie dans un *compte* séparé.

63. Subvention/Grant

Hundreds of Victorians caught falsely claiming first home buyer *grants* are being pursued for repayment.	Des centaines de victoriens attrapés reclamant frauduleusement des *subventions* pour premier achat de maison sont poursuivis pour remboursement.
The Literature Board is about to decide whether its *grants* are fair.	Le conseil de litérature est en train de décider si ses *subventions* sont justes.
The company has decided to issue grants for all its female employees.	La société a décidé de donner des *subventions* pour toutes ses employées.

64. Organisme à but non lucratif/Non profit organization

The government has been very strict on all *non profit organizations*.	Le gouvernement a été très strict avec tous les *organismes à but non lucratif*.
The duty of a *non profit organization* is to look after the welfare of the people.	Le devoir de tout *organisme à but non lucratif* est de veiller sur le bien être des gens.
All *non profit organizations* must conform to the standards laid down by the governing body.	Tous les *organismes à but non lucratif* doivent se conformer aux stadards mis en place par l'instance dirigeante.

65. Opérations/Operations

Companies can outsource *operations* to full-service providers or establish national.	La société peut délocaliser ses *opérations* auprès d'un fournisseur de service global ou établir un réseau national.
All logging *operations* in the country are legal.	Toutes les *opérations* d'exploitation dans le pays sont légales

| China has asked the Federal Government if it can conduct its own uranium exploration and mining *operations* in Australia. | La Chine a demandé au gouvernement fédéral qu'il peut conduire ses propres *opérations* d'extraction et d'exploitation d'Uranium en Australie. |

66. PDG/CEO

This is not to say that Hamilton would have been a great *CEO*, nor Zuckerberg an outstanding general.	Ce n'est pas pour dire que Hamilton auriat été un grand *PDG*, ni que Zuckerberg un général hors du commun.
Google *CEO* Eric Schmidt famously asserted in 2010 that we create more content every two days than in the history of civilization up to 2003.	Le *PDG* de Google Eric Schmidt a publiquement mentionné en 2010 qu'on crée plus de contenu tous les deux jours que l'histoire de la civilisation jusqu'à 2003.
The CEO has decided to do away with the fire & hire policy of the company.	Le *PDG* a décidé d'éliminer la politique de recruter et de licencier de la société.

67. Capital-investissement/Equity

One of the main reasons negative *equity* is an important issue now is the increasing rate of unemployment.	L'une des principales raisons qui font que le *capital* négatif soit un sérieux souci aujourd'hui est le taux grandissant du chomage.
Australian-based journalist Tim Johnston writes for US readers about our private *equity* conundrum.	Le journaliste basé en Australie Tim Johnston écrit aux lecteurs Américains au sujet de notre énigmatique *capital-investissement*.
Private *equity* is consuming companies at an unprecedented pace.	Le *capital-investissement* dévore les sociétés à un rythme inédit.

68. Concurrent/Competitor

McDonald's is considered to be a serious *competitor* to the fast food chain, Burger King.	McDonald's est considéré comme un *cocurrent* sérieux de la chaine de de fast food Burger King.
The CEO says that he is his own *competitor*.	Le CDG dit qu'il est son propre *concurrent*.
A market without neck-to-neck competitors is really	Un marché sans des *cocurrents* épaule à épaule

| a boring one. | est vraiment ennuyeux. |

69. Fusion/Merger

We are in the middle of a *merger* and acquisition engagement representing a Human Resources Consulting company.	Nous sommes en plein mileu d'une *fusion* et un engagement d'acquisition représantant une compagnie de consulting de ressources humaines.
This case study highlights the importance of having a well thought-out and executed *merger* and acquisition strategy.	Ce cas d'étude souligne l'importance d'avoir une stratégie de *fusion* et d'acquisition bien pensée et exécutée.
The two fast food companies signed a *merger* deal that will be effective from the new fiscal.	Les deux entreprises de fast foof ont signé une *fusion* qui prendra effet dès l'année prochaine.

70. Acquisition/Acquisition

The museum has put its latest *acquisitions* on display.	Le musée a mis ses dernières *acquisitions* en exposition.
The big company's	La nouvelle *acquisition* de

newest *acquisition* is a small chain of clothing stores.	la société est une petite chaine de boutique de vetements.
The first is that the proposals would involve an *acquisition* of property by the government.	La première est que les propositions impliquent une *acquisition* de propriété par le gouvernement.

71. Partenariat/Partnership

We believe that this exciting *partnership* marks a turning point for our organization.	Nous croyons que cet intéressant *partenariat* marque un tournant pour notre organisme.
A marriage is a *partnership*, not a dictatorship.	Un marriage est un *partenariat* et non une dictature.
Jill and Jim entered into a *partnership* business and decided to share profits and losses equally.	Jill et Jim sont entrés dans un *partenariat* et ont décidé de partager équitabelement le profit et la perte.

72. Agenda / Planning

We are still on the first	Nous sommes encore à la

step of my six-point *agenda* for planned retirement.	première étape de mon *agenda* à six points pou la retraire planifiée.
Contrary to popular belief, a nationalized health care system has never actually been on the *agenda* for President Elect Obama.	Contrairement aux croyances populaires, un système sanitaire nationalisé n'a jamais réellement été dans l'*agenda* du président Obama.
The CEO tricked the employees to stay in the company to further his agenda.	Le PDG a piégé les employés pour rester dans la société au-delà de leur *planning*.

73. Rapport de situation/Status report

I am still waiting for the *status report* to arrive from the work supervisor.	J'atends toujours l'arrivée du *rapport de situation* de la part du superviseur du travail.
The company has promised to take action as soon as it receives the *status report* from its officer.	La société a promis de prendre des actions dès qu'elle reçoit le *rapport de situation* de son agent.
The government has	Le gouvernement a

asked the supervisor to take stringent action on the basis of the *status report*.	demandé au superviseur de prendre des actions strictes sur la base du *rapport de situation*.

74. Marge/Margin

When investing in the stock market, you have an option opening a cash account or a *margin* account.	En investissant en bourse, vous avez le choix d'ouvrir un compte espèces ou un compte sur *marge*.
This article will show salespeople with some degree of pricing authority how to optimize gross *margin* without losing the sale.	Cet article montrera aux gens de la vente avec un certain degré de réglementation des prix comment optimiser des grosses *marges* sans perdre la vente.
The following table lists the managed funds that are approved for *margin* lending.	Le tableau suivant liste les fonds gérés qui sont approuvés pour le prêt *marginal*.

75. Sponsor/Sponsor

The relationship between	La relation en tre l'équipe

the cycling team and their *sponsor* was damaged further when several former riders confessed to taking EPO earlier.	cycliste et son *sponsor* a été plus détériorée quand d'anciens cyclistes ont confessé avoir précédemment pris EPO
Dual Olympic gold medalist Ryan Bayley can't find a major *sponsor* because of cycling's drug-tainted reputation.	Le double médaillé d'or Olympique Ryan Bayley ne peut pas trouver un grand *sponsor* à cause de la réputation du cyclisme affectée par la drogue.
China's second largest solar panel manufacturer will be the first Chinese company to *sponsor* the World Cup soccer.	Le deuxième plus grand fabriquant de Chine de panneaux solaires sera la première entreprise chinoise à *sponsoriser* la coupe du monde du football.

76. Compte de résultats/Income statement

The bank asked its client to submit the *income statement* in support of the credit card application.	La banque a demandé à son client de fournir le *compte de résultats* avec la demande de la carte du crédit.
You must submit your *income statement* well in	Vous devez fournir votre *compte de résultats* bien à

advance to get cash advance from the financial company.	l'avance pour avoir une avance d'argent de la société finanacière.
The *income statement* is an important document as it shows the sales, expenses and profits for a month.	Le *compte de résultat* est un document important car il montre les ventes, les dépenses et les profits d'un mois.

77. Bilan/Balance sheet

For law firms of all sizes, next to payroll, the single largest item on the monthly *balance sheet* is usually office rent.	Pour tous les bureaux juridiques, après la paie, le plus grand élément dans le *bilan* mensuel est souvent le loyer du bureau.
So every time we are about to reincarnate we look at our karmic *balance sheet* and decide just what karmas-good and bad- shall be reaped in the next life.	Donc chaque fois que nous nous réincarnons, nous regardons notre *bilan* karmique et décidons quels bons et mauvais karmas devons nous récolter dans notre vie suivante.
When the *balance sheet* got really grim, everyone doubled down.	Quand le *bilan* est devenu morose, tout le monde a doublé.

78. Etat des flux de trésorerie/Cash flow statement

The *cash flow statement* is where you'll find the main plot before the twists and turns in the notes.	C'est dans *l'Etat des flux de trésorerie* où vous trouverez la première trame avant les virages et les tournants dans les notes.
The *Cash Flow Statement* is derived from the Cash Flow Budget, which is a forecast of cash receipts and payments.	*L'Etat des flux de trésorerie* est dérivé du budget des flux de trésorerie, qui est une prévision des entrées en espèces et des paiements.
The *Cash Flow Statement* Helps You Run a Successful Business.	*L'Etat des flux de trésorerie* vous aide à faire tourner une affaires réussie.

79. Facture/Bill

Direct debits are an easy and popular way to pay regular fixed *bills*, such as health insurance or gym memberships, or varying amounts.	Les débits directs sont un moyen facile et populaire pour régler des *factures* fixes, comme l'assurance santé, l'abonnement fitness ou frais divers.

The citizens have been warned that their water *bills* will double in five years to pay for the State Government'...	Les citoyens ont été avertis que leurs *factures* d'électricité doubleront dans cinq ans pour payer le gouvernement d'Etat.
The city households face a double-edged sword on their gas *bills*, with distribution costs set to fall but consumption charges on the rise.	Les foyers de la ville font face à une arme à double-tranchant à cause des *factures* du gaz, avec des coûts de distribution baissés mais des frais de consommation en augmentation.

80. Plateforme/Platform

There's more to investment *platforms* than just fees.	Il y a plus en plateformes d'investissement que juste des frais
The company plans to use the show as a *platform* to launch the new soft drink.	La société tente d'utiliser le spectacle comme plateforme pour lancer la nouvelle boisson.
He stepped up onto the *platform* and looked out into the audience.	Il est monté sur la plateforme et a regardé les spectateurs.

81. Commerce/Trading

There are a number of different types of Warrants which will suit different *trading* strategies.	Il existe plusieurs types de mandats qui conviennent aux différentes stratégies de *commerce*.
They may try to ban you from day *trading* given the current climate.	Ils peuvent essayer de vous interdire le *commerce* du jour vu le climat actuel.
The state has begun to indulge in fraudulent *trading* practices.	L'Etat a commencé à céder à des pratiques du *commerce* frauduleuses.

82. Réseaux sociaux/Social media

Despite boosting their spending on digital marketing, many companies are still getting *social media* wrong.	Malgré le fait de doubler leurs dépenses dans le marketing numérique, beaucoup de société n'ont toujours pas compris les *réseaux sociaux*.
The *social media* plays an active role in the life of the youth today.	Les *réseaux sociaux* jouent un rôle actif dans la vie des jeunes aujourd'hui.
A business must use *social media* to market its	Une entreprise doit utiliser les *réseaux sociaux* pour

| products effectively. | promouvoir efficacement ses produits. |

83. Projet/Project

He tried to explain his *project* to me on the phone call of his wife's invitation, but I was lost in the first sentence.	Il a essayé de m'expliquer son *projet* au téléphone sur invitation de sa femme mais j'ai été perdu dès la première phrase.
Martha recently told me his summer plant testing *project* was a major disappointment.	Martha m'a dernièrement dit que son *projet* de test de plantes d'été était une grande déception.
Chevron Australia has pledged to undertake the first large scale carbon dioxide *project* in Australia.	Chevron Australie s'est engagé à réaliser le premier *projet* de dioxide de Carbone à grande échelle en Australie.

84. Multitâche/Multitask

Telemarketing services can *multitask* as call center services during heavy workload.	Les services du télémarketing peuvent être *multitâches* et assurer les services de centres d'appel durant les lourdes

	charges du travail.
This feature alone helps the PC to *multitask* at mind boggling rates.	Cette fonction seule aide le PC à *faire plusieurs choses à la fois* à une vitesse ahurissante.
The ability to *multitask* will help us cope with interruptions and changing priorities.	La capacité *multitâche* nous aidera de gérer les interruptions et le changement des priorités.

85. Consensus/Consensus

There's a better scientific *consensus* on this than on any issue I know.	Il y a sur ça un meilleur *consensus* scientifique que sur tout autre sujet.
The *consensus* involves the International Panel on Climate Change.	Le *consensus* implique le comité international sur le changement climatique.
The Washington *consensus* was propagated by the International Monetary Fund and the OECD.	Le *consensus* de Washington a été propagé par le fond monétaire international et l'OCDE.

86. Démissioner/Resign

When it comes time to	Quand il s'agit de

resign your employment position, you'll want to do it in a manner that is professional and courteous.	*démissioner* de votre emploi, vous voudrez le faire d'une manière professionnelle et courtoise.
The former finance minister who was forced to *resign* over his apparently drunken behavior has been found dead at his home.	L'ex ministre des finances qui a été obligé de *démissioner* suite à sa dépendance à l'alcool a été trouvé mort dans sa maison.
Jack has decided to *resign* from his office over the pay issue.	Jack a décidé de *démissioner* de son bureau suite au souci du paiement.

87. CV/CV

Many people underestimate the importance employers place on the hobbies and interests section of a *CV*.	Beaucoup de personnes sous-estiment l'importance que les employeurs donnent à la section loisirs et aux intérêts d'un *CV*.
You must submit your *CV* to the Human Resource department so that they consider you for the job.	Vous devez soumettre votre *CV* service des ressources humaines afin de l'étudier pour se poste.

The CEO believes that a *CV* is an extension of one's identity.	Le PDG croit qu'un *CV* et le prolongement de l'identité.

88. Audioconférence/Conference call

He was on a *conference call* and due any minute.	Il était en *audioconférence* et arrivera d'une minute à l'autre.
Jim was on a *conference call* when Alice turned up.	Jim était en *audioconférence* quand Alice est apparue.
Jack is on a busy *conference call* with his clients.	Jack est occupé en *audioconférence* avec ses clients.

89. Taux de change/Exchange rate

The *exchange rate* of the USD is so low nowadays is that it doesn't make sense to do business anymore.	Le *taux de change* du dollar est trop bas ces derniers jours qu'il n'est plus sensé de faire des affaires
You can subscribe to this service to get the latest information on *exchange rates*.	Vous pouvez souscrire à ce service pour avoir les dernières informations sur les *taux de change*.

| Please keep eyes on the *exchange rate* before you decide to embark on forex trading. | Gardez un œil s'il vous plait sur le *taux de change* avant de décider de vous embarquer dans le forex. |

90. Transaction/Transaction

This daily *transaction* account offers fee-free banking, with bonuses and rebates designed to help you pay as little as possible.	Le compte des *transactions* quotidiennes offre la gratuité des frais de banque, avec des bonus et rabaix conçus pour vous aider à payer le minimum possible.
When it is satisfied that you are entitled to reverse the *transaction*, it will credit your account.	Quand il sera convaincu que vous pouvez annuler la *transaction*, il créditera votre compte.
Fee-free *transaction* accounts now available across the world.	Des comptes de *transactions* sans frais sont maintenant disponibles dans le monde entier.

91. Marketing viral/Viral marketing

| A *viral marketing* campaign has been | Une campagne de *marketing viral* a été |

launched by the beverages company.	lancée par la société des boissons.
Viral marketing is only successful if the content is deemed worthwhile by net users.	Le *marketing viral* est réussi seulement si le contenu est estimé intéressant par les internautes.
The people began to wonder if this chatty weekly was part of a *viral marketing* campaign for the sneaker multinational.	Les gens ont commencé à se demander si cet hébdomadaire bavard faisait partie d'une campagne de *marketing viral* pour la multinationale de baskets.

92. Industrie/Industry

New statistics from the Australian Film Commission effectively consign the local film *industry* to oblivion.	De nouvelles statistiques de la commision du film Australien confient *l'industrie* du film local à l'oubli.
The reporter looks at why the local game *industry* faces an uncertain future.	Le reporter examine la raison pour laquelle *l'industrie* du jeu rencontre un futur incertain.
The TAFE courses are	Les cours TAFE sont

| specifically designed to prepare students for *industry* and give you job skills. | spécifiquement conçus pour préparer les étudiants à *l'industrie* et vous donner des compétences métier. |

93. Monetisation/Monetization

Online business owners are fortunate to have a wide variety of *monetization* options.	Les propriétaires d'entreprises en ligne sont chanceux d'avoir une large variété d'options de *monétisation*.
I need to buy a book on *monetization* as soon as I reach the city.	J'ai besoin d'acheter un livre sur la *monétisation* dès que j'arrive à la ville.
The professor gave a lengthy lecture on the various issues of *monetization*.	Le professeur a donné un long cours sur les multiples problèmes de *monétisation*.

94. Evolutif/Scalable

| The technology is now *scalable* in order to be able to provide the back. | La technologie est maintenant *évolutive* afin de pouvoir assurer le soutien. |
| My vision is to monetize | Ma vision est de monétiser |

scalable value chains.	des chaines de valeur *évolutives*.
Jack needed a *scalable* IT system capable of adapting to a fast-changing environment.	Jack avait besoin d'un système informatique *évolutif* capable de s'adapter à un environnement en rapide évolution.

95. Stratégie/Strategy

They are proposing a new *strategy* for treating the disease with a combination of medications.	Ils proposent une nouvelle *stratégie* pour traiter la maladie avec une combinaison de médicaments.
The government is developing innovative *strategies* to help people without insurance get medical care.	Le gouvernement développe des *stratégies* innovantes pour aider les gens sans assurance à avoir des soins médicaux.
The businessman adopted a shrewd *strategy* to make the employees work for him.	L'homme d'affaires a adopté une *stratégie* astucieuse pour que les employés travaillent pour lui.

96. Technologie d'information/Information technology

Technical support in an *information technology* forum helps you to take safeguards against such an ongoing threat on a continuous basis.	Le support technique est un forum de *technologie d'information* qui vous aide à vous protéger contre de telles menaces sur le long terme.
Information technology management has become a more integral part of a business process.	Le management de la *technologie d'information* est devenu une partie plus integrale du processus des affaires.
Colleges are failing to turn out enough information *technology* graduates.	Les universités échouent à produire assez de diplomés de *technologie d'information*.

97. Marque déposée/Trademark

There are several cases, focusing on questions of intellectual property and *trademark* protection.	Il y a plusieurs cas axés sur des questions de propriété intellectuelle et de la protection des *marques déposées*.
Disputes between registered *trademark*	Les disputes entre les propriétaires de *marques*

owners and domain name registrants are likely to grow because of misunderstandings among business.	*déposées* et les déclarants de noms de domaines vont probablement s'accentuer à cause de l'imcompréhension des affaires.
The companies are almost fighting with each other over property rights and *trademark* violations.	Les sociétés se battent quasiment entre elles au sujet des droits de propriétés et des violations des *marques déposées*.

98. Plan d'affaires/Business plan

This simple *business plan* template is an excellent tool to get you thinking about your goals and missions.	Ce simple modèle de *plan d'affaires* est un excellent outil afn de vous faire penser à vos objectifs et vos missions.
When raising capital your investor *business plan* is not as critical as you might think nonetheless it is still very important in your overall business.	En haussant le capital, votre *plan d'affaires* d'investissement n'est pas aussi critique que vous le pensez bien qu'il soit toujours important dans vos affaires générales.
For a Freelancer an	Pour une freelancer, un *plan*

| appropriate *business plan* is essential. | *d'affaires* adéquat est nécessaire. |

99. Date limite/Deadline

She worked on her composition right up until the *deadline*.	Ell a travaillé sur sa composition jusqu'à la *date limite*.
The project was completed a week past its *deadline*.	Le projet a été complété une semaine après la *date limite*.
The Government is believed to be about to impose a *deadline* on negotiations over access to new coal deposits	Le gouvernement est en train d'imposer une *date limite* sur les négociations concenrant l'accès aux nouveaux gisements de charbon.

100. Veto/Veto

He has vowed to *veto* it and force the Directors to send him a version he can sign.	Il a opposé son *veto* et a forcé les directeurs à lui envoyer une version qu'il peut signer.
Iraq has already said it does not want a *veto* over	L'Iraq a déjà dit qu'il ne veut pas de *veto* sur les actions militaires

US military actions	Américaines.
The CEO would work to override the President's veto next week.	Le PDG travaillerait pour outrepasser le *veto* du président la semaine prochaine.

Printed in Great Britain
by Amazon